De Goddelijke Komedie

DANTE

De Goddelijke Komedie

MET
136 HOUTGRAVURES
VAN **GUSTAVE DORÉ**

REBO PRODUCTIONS

Copyright © 1987 by H. Cornelissen, Steenbergen

Niets van deze uitgave mag worden verveelvoudigd en/of openbaar gemaakt door middel van druk, fotocopie, microfilm of op welke andere wijze, zonder voorafgaande schriftelijke toestemming van de uitgever.
No part of this book may be reproduced in any form, by print, photoprint, microfilm or other means without written permission from the publisher.

INLEIDING

Dante Alighieri, die gemeenlijk met alleen zijn eerste naam wordt aangeduid, werd in 1265 te Florence geboren als telg van een oud en zeer aanzienlijk geslacht. Hij verloor vroeg zijn ouders, maar kreeg een zorgvuldige opvoeding, leerde o.m. Latijn, Frans en Occitaans, de taal van de Langue d'Oc, een opvoeding die hem, samen met zijn grote gaven van geest en hart, geschikt maakte voor de hoge positie, waartoe hij geroepen zou worden, en die ongetwijfeld in belangrijke mate heeft bijgedragen tot zijn ontwikkeling als kunstenaar.

Het was een periode van heftige strijd tussen de Guelfen, de pauselijken, en de Ghibellijnen, de keizerlijken. Dantes afkomst en familie bepaalden dat hij, zoals trouwens de meeste Florentijnen, tot de Guelfen zou behoren, met wie hij in 1289 bij Campaldino slag leverde tegen de Ghibellijnen.

Maar ook de Guelfen onderling waren verdeeld en er ontstond een heftige strijd tussen de meer gematigden en de radicalen, een strijd waarin ook Dante zich mengde en die ten slotte leidde tot een splitsing in Bianchi of Witten en Neri, de Zwarten. Dante, die tot de Witten behoorde, de gematigde partij, werd in 1300 tot het Prioraat, het hoogste stadsambt, geroepen, dat hij in overeenstemming met zijn politieke inzichten uitoefende.

Hij zou evenwel niet lang op zijn hoge post gehandhaafd blijven. Hij raakte al spoedig in conflict met paus Bonifatius VIII over de stadsvrijheden en viel daardoor in ongenade bij de curie, hetgeen er toe leidde dat hij in Augustus van het jaar 1300, drie maanden na zijn benoeming, als prior werd afgezet.

Toen enige tijd later de Zwarten de macht overnamen wilde men Dante, die zeer invloedrijke vrienden had aan diverse Italiaanse hoven, maar het liefst zo spoedig mogelijk kwijt en geheel naar de geest van de tijd werd er een aanklacht tegen Dante geforceerd, die tot gevolg had dat hij in 1302 uit Florence werd verbannen. Twee jaar later werd hij bij verstek ter dood veroordeeld, zijn bezit verbeurd verklaard, een vonnis dat later werd omgezet in levenslange ballingschap.

Een tijd lang zwierf Dante langs de hoven van Noord- en Midden-Italië en nog altijd geïnteresseerd in politiek, discussieerde hij met zijn vrienden over de eenwording van de westerse wereld in een verjongd Romeins rijk, waarvan hij droomde, een rijk waarin vrede en vrijheid zouden heersen en waarin Italië de leiding zou hebben onder één hoofd, een Rooms keizer!

In 1316 werd het Dante toegestaan terug te keren naar Florence, mits hij er in zou berusten als een berouwvolle misdadiger behandeld te worden, een voorwaarde die hij verontwaardigd van de hand wees.

Nadien verbleef hij voornamelijk te Ravenna, waar hij in 1321 stierf ten huize van zijn vriend en beschermer Guido da Polenta.

Dantes stoffelijk overschot werd bijgezet in de kerk van de heilige Franciscus. Op zijn zerk staat het door de dichter zelf in het Latijn gestelde grafschrift gebeiteld, waarvan de laatste regels luiden:

'Hier rust ik, die werd verbannen van de grond zijner vaderen,
ik, die een zoon was van Florence, een moeder van geringe liefde...'

Afgezien van het feit dat Dante zijn leven lang de gevolgen heeft moeten dragen van de nederlaag van zijn politieke partij, was hij ook in zijn persoonlijk leven weinig gelukkig.

Op negenjarige leeftijd had hij Beatrice Portinari leren kennen, die reeds jong stierf, doch voor wie Dante zijn leven lang een grote liefde met zich zou dragen. Deze liefde beleed en bezong hij in *La Vita Nuova*, het nieuwe leven.

Andere werken van zijn hand zijn *De Vulgari Eloquentia*, dat, onvoltooid gebleven, de Italiaanse taal en dichtkunst behandelt. Verder *Il Convivio*, een voor het volk bedoelde verhandeling over wijsbegeerte, en *De Monarchia*, waarin hij zijn gedachten neerschreef over de wereldlijke en hemelse staat, over de lotsbestemming van de mens en diens leiders: de keizer voor het wereldlijke, de paus voor het hemelse rijk.

Het is deze opvatting over kerk en staat die ten grondslag ligt aan het werk, dat Dante onsterfelijk zou maken, *La Commedia*, door een eerbiedig nageslacht omstreeks 1600 omgedoopt in *La Divina Commedia*, de goddelijke komedie.

La Divina Comedia bestaat uit 100 canti, zangen, die verdeeld zijn over drie càntiche, boeken, t.w. *Inferno* (Hel), *Purgatoria* (Louteringsberg) en *Paradiso* (Paradijs).

De beide eerste boeken stammen vermoedelijk uit 1313, doch vast staat dat *Paradiso* in 1321, het jaar van Dantes dood tot stand kwam.

Het verhaal speelt zich af in het jubeljaar 1300, als de dichter een week lang in gezelschap van Vergilius, de dichter van Rome als symbool der menselijke filosofie, vanuit de duistere wouden van zonde afdaalt in de Hel en vervolgens opklimt langs de hellingen der Louteringsberg. Tenslotte, geleid door Beatrice als symbool van goddelijke openbaring, bezoekt hij het Paradijs.

Dante geeft in zijn *Commedia* een beeld van het leven van zijn tijd min of meer op de wijze waarop men in de middeleeuwen hel, aarde en hemel voorstelde in tonelen van drie verdiepingen. Tegelijkertijd behandelt hij de bespiegelingen en dromen van heidense wijsgeren en christelijke kerkvaders, de wetenschappen, de filosofische, theologische en politieke vraagstukken.

Dante schreef de *Commedia* in terzinen, een moeilijke dichtvorm van drieregelige verzen, waarin achtereenvolgens de eerste en derde regel rijmden op de tweede van het volgende vers, de tweede op de eerste en derde regel, enz., zodat de verzen onderling verbonden zijn als de schakels van een keten. Elke regel telt consequent elf lettergrepen.

De aarde is in de visie van Dante het middelpunt van het heelal en de zon is daarin een der planeten. De hemel welft zich om de aarde heen en alle sterren wentelen om de aarde. Op verschillende plaatsen in het werk is Dantes geloof te bespeuren aan de invloed der sterren op het ontstaan van al wat leeft, plant, dier en mens, wiens karakter bepaald wordt door de sterren, die macht hebben over zijn doen en laten.

Verder is het de liefde die het heelal regeert en die de harmonie van de sferen veroorzaakt. Over de manier waarop de aarde haar vorm kreeg veronderstelt Dante het volgende.

Toen Lucifer tegen God in opstand kwam werd hij uit de hemel verbannen en weggeslingerd naar het middelpunt der aarde, dat tevens het diepste punt was van de hel en dat het verst verwijderd was van Gods zetel.

Daar bleef Lucifer vastgeketend. Het westelijk halfrond, dat door God bestemd was tot woning van het niet-zondige deel der mensheid, had zich van schrik met de wateren der zee bedekt en de aardmassa was vandaar naar het oostelijk halfrond verdrongen.

Door de val van Lucifer evenwel werd deze massa in het midden verplaatst en rees zij omhoog op het westelijk halfrond. Zo ontstond daar *Il Purgatorio*, de Louteringsberg, juist tegenover de plaats waar zich, op het oostelijk halfrond, de berg der Verlossing verhief.

Daar, bij Jeruzalem, dat volgens de opvattingen ten tijde van Dante het midden van de bewoonde aarde was, bevindt zich de toegang tot de Hel, die als een geweldig amphitheater in steeds kleiner wordende kringen afdaalt naar het middelpunt der aarde, waar de vorst der Verschrikking zetelt.

Vandaar leidt een smalle doorgang naar de voet van de berg der Loutering, waarvan de omgangen kleiner worden naarmate men stijgt, totdat men op de top het aardse Paradijs bereikt, waar eenmaal Adam en Eva schuldeloos geschapen werden.

Het is tot die staat van onschuld, waarheen het geslacht der mensen moet terugkeren, hetgeen is mogelijk gemaakt door het lijden en sterven van Hem, die zonder zonden leefde en die stierf op de berg der Verlossing, welke zich bevindt tegenover het verloren Paradijs op de Louteringsberg, en die het Paradijs voor de mens terugwon.

Daar gekomen is de ziel van alle aardse smetten gezuiverd en kan zij bevrijd opstijgen ten hemel.

Naar eigen mening onpartijdig en strikt rechtvaardig, veroordeelt Dante en verklaart hij zalig naar welgevallen.

Guelfen en Ghibellijnen, rijken en armen worden met één maatstaf, naar één wet gemeten: de heilige schrift.

In zijn opdracht aan Can Grande della Scala verklaart de dichter dat het werk zowel naar de letter als naar de geest kan worden uitgelegd. Naar de letter als het om het hiernamaals gaat, naar de geest als het gaat om de mens, die dank zij de vrijheid van zijn wil door Gods rechtvaardigheid reeds op aarde gestraft of beloond kan worden in de eigen ziel.

Volgens die opvatting zijn de straffen der Hel aardse straffen, nl. de kwellingen van het geweten; zijn de boeten van het Vagevuur pogingen en middelen om zich te reinigen, is het hemelse Paradijs ook dat van Christus op aarde als het koninkrijk Gods, dat in hem is.

Zo gezien is de *Commedia* de beschrijving van de weg, welke door Gods genade de mens opvoert uit de staat van zijn zonden tot die van de zaligheid. Volgens Dantes opdracht is dit ook het doel van zijn gedicht: de mensheid op te heffen uit haar toestand van kwaad en ellende, haar de middelen tot reiniging te wijzen en haar door Christus tot heiliging te brengen in God.

Dante stelt zichzelf de medemens ten voorbeeld als het type van de zondaar, die eindelijk, in het Vagevuur, rust vindt in God en daartoe omhoog stijgt langs de trappen der boete, waar het beeld van Gods openbaring, Beatrice, hem kracht geeft en de moed om te zegevieren.

La Divina Commedia, dat sedert de eerste dagen van publicatie herkend en erkend werd als een subliem kunstwerk, dat in veertig talen vertaald werd, doch dat nooit tot in alle details kon worden verklaard (reeds in 1371 opende Boccacio aan de universiteit van Florence een leerstoel voor Dante-studie), deze goddelijke komedie is de eeuwen door de mensheid blijven boeien.

Het spreekt dan ook bijna vanzelf dat het vele beeldende kunstenaars tevens in hoge mate inspireerde: men denke slechts aan de beroemde fresco's, die Signorelli omstreeks 1500 schilderde in de Capella di S. Brizio in de kathedraal van Orvieto.

Het waren echter de illustraties van Gustave Doré, die ten opzichte van Dantes werk een bevoorrechte, maar welverdiende, plaats zouden gaan innemen. Opgenomen in een groot aantal van de bijna honderd en zestig verschillende uitgaven van *La Divina Commedia* zijn zij daarmede een bijna onverbrekelijke eenheid gaan vormen.

Gustave Doré, de in 1832 te Straatsburg geboren zoon van een ingenieur, wordt beschouwd als de grootste illustrator van de negentiende eeuw.

Hoewel zijn vader een degelijker beroep voor hem verkoos, moedigde Gustaves moeder diens ontwikkeling als artiest aan en zij deed dit kennelijk met succes, want reeds op vijftienjarige leeftijd genoot Doré grote bekendheid als tekenaar. Hij dankte dit vooral aan de vele illustraties van zijn hand, die werden opgenomen in enkele populaire Parijse periodieken, o.m. het Journal Amusant.

In 1854 produceerde Doré een reeks zeer bewonderde illustraties voor werk van Rabelais. Dit was het begin van een reeks klassieken, die in de komende jaren van Doré's hand verschenen. Don Quichot, La Fontaine, Balzac, Coleridge en Milton inspireerden hem tot waarlijk grootse prestaties.

Dan Doré's ongelooflijk mooie reeks bijbelse voorstellingen (sedert 1976 is een goedkope, doch zeer fraaie editie beschikbaar) en ten slotte de Wandelende Jood èn Dantes *Goddelijke Komedie*. Het zijn vooral beide laatstgenoemde werken die Doré's roem als illustrator en kunstenaar tot ver buiten de grenzen van zijn land vestigden.

Aangezien Doré geen Italiaans kende moet hij voor zijn werk aan *De Hel*, dat hij als eerste van de drie delen illustreerde, gebruik hebben gemaakt van een Franse vertaling. Hij werkte er drie jaar aan, doch toen hij het omstreeks 1860 voltooid had toonde geen enkele uitgever interesse. Toen gaf Doré de prenten zelf uit, voor eigen rekening en met een weergaloos succes! Zó groot was de belangstelling voor Doré's visie op Dantes meesterwerk dat niemand minder dan Hachette ten slotte in 1868 de complete door Doré geïllustreerde *Goddelijke Komedie* uitgaf.

Doré, die volstrekt autodidact was, werkte in een zeldzaam hoog tempo. Hij bracht, zeer ongebruikelijk, gewoonlijk zijn tekeningen rechtstreeks op het houtblok aan, dat vervolgens door een van de ruim vijftig grafici, die voor hem werkten, werd gestoken.

De illustraties voor de *Goddelijke Komedie* staan in scherp kontrast tot het meeste van Doré's andere werk, ook het bijbelse. Zijn de helse taferelen bijna angstaanjagend, zijn voorstellingen van *Het Paradijs* zijn uiterst verfijnd, etherisch, bijna transparant, zonder relatie tot de stoffelijke wereld.

De vraag ligt voor de hand waarom Doré's voorstelling van *De Goddelijke Komedie*, slechts voorzien van uiterst bescheiden fragmentjes van de tekst, het licht ziet.

De volledige tekst evenwel zou deze uitgave tot een bijzonder omvangrijke en dus bijzonder kostbare maken. Maar bovendien – men leze er slechts deze inleiding op na – is het een uitermate moeilijke tekst, die een diepgaande studie vereist. En dan nog... Wij zeiden het reeds: nog altijd, 650 jaar nadat het werk tot stand kwam, is het niet in alle onderdelen verklaard!

Voorts verlieze men niet uit het oog dat Dante een vertegenwoordiger – zij het een zeer illustere – was van de zich ten einde spoedende middeleeuwen, hetgeen impliceert dat vele aspecten van filosofie, theologie en astrologie, juist die wetenschappen welke zo belangrijk zijn voor het begrijpen van Dantes werk, door nieuw weten zijn achterhaald.

Waar anderzijds Doré op zo grandioze wijze de beelden die Dante oproept gestalte heeft weten te geven dat wij mogen aannemen dat zijn voorstellingen volmaakt de gedachten en bedoelingen van de dichter weergeven, menen wij dat wij met de uitgave in de vorm, die wij verkozen, de interesse een groter dienst bewijzen dan met een uiterst kostbare, doch slechts door enkelen te doorgronden versie.

Rik van Steenbergen

Het Woud
Halverwege onze levensreis
vond ik mezelf terug in een donker woud,
afgedwaald van het rechte pad.
Hel 1: 1-3

De Panter
Daar waar de afdaling begon
snelde een panter naderbij,
wie de gevlekte huid om het lichaam spande.
Hel 1: 31-33

De Leeuw
Hij scheen op mij toe te komen,
de kop hoog geheven, gedreven door honger.

Hel 1: 46, 47

De Wolvin
'Zie het beest, dat ik de rug toekeerde.
Wilt ge mij beschermen, o wijze!'

Hel 1: 88, 89

Vergilius en Dante
Toen ging hij voort - ik volgde hem.

Hel 1 : 136

Vergilius en Dante
De dag neigde tot de avond...

Hel 2:1

Beatrice en Vergilius
'Ik ben Beatrice, die u vroeg te gaan.'

Hel 2: 70

De Poort van de Hel
Gij die hier binnengaat laat alle hope varen.

Hel 3: 9

Charon en de Rivier Acheron
En zie, een boot kwam op ons toe.
Een man, grijs van ouderdom, riep:
'Wee u, gij snode zielen!'
Hel 3 : 82-84

Het Inschepen van de Zielen
Charon, de demon, wacht hun met vurige blikken
en drijft allen bijeen.
Maant met zijn roeiriem die achterblijft tot spoed.
Hel 3: 109-111

De onnozele Zielen
Wij zijn verloren en slechts in zoverre gestraft
dat we zonder hoop en in begeren voortleven.

Hel 4 : 41, 42

Dichters en Helden
Zo zag ik er geheel de nobele school verzameld
van die god der verheven zangen,
die als een arend boven d'anderen zweeft.
Hel 4: 94-96

Minos
Daar wacht hun Minos, de verschrikkelijke.
Hij onderzoekt hun schulden bij het binnentreden
en veroordeelt en beschimpt hen.
Hel 5: 4-6

De Wellustigen
De hemelse wervelstorm, die nimmer verstilt,
sleept de geesten wentelend mee.

Hel 5: 31, 32

Paolo en Francesca
'O dichter, ik zou gaarne met die beiden spreken,
die zo licht voortzweven op de wind.'

Hel 5: 73, 74

Paolo en Francesca
'Liefde heeft ons in 't verderf gestort.
Kaïns hel wacht wie ons doodde.'

Hel 5: 106, 107

Paolo en Francesca
'Die dag lazen wij niet verder.'

Hel 5: 138

Paolo en Francesca
Ik viel in zwijm alsof ik stervende was.
Mijn lichaam geleek dat van een dode.

Hel 5: 141, 142

Cerberus
Mijn geleider strekte de armen uit
en nam handen vol aarde op,
die hij in de vraatzuchtige muilen smeet.
Hel 6 : 25-27

De Gulzigen - Ciacco
'Om mijn verdoemelijke gulzigheid
werd ik door deze regen neergeslagen.'

Hel 6: 53, 54

Pluto en Vergilius
'Zwijg, gij vervloekte wolf.
Verteer uw woede in uzelf.'

Hel 7 : 8, 9

De Gierigaards en de Verkwisters
Want al het goud op dit ondermaanse,
of dat hier ooit geweest is, is ontoereikend
om deze uitgeputten rust te geven.
Hel 7: 64-66

De Styx - de Opvliegenden
'Thans, mijn zoon, aanschouwt ge
de zielen dergenen die zich door woede lieten meeslep

Hel 7: 115, 116

De Styx - Phlegias
De oude schuit komt in beweging,
ligt dit keer dieper dan gewoonlijk.

Hel 8 : 29, 30

De Styx - Philippo Argenti
Toen strekte hij beide handen naar de boot,
doch mijn meester wierp hem terug.

Hel 8 : 40, 41

De Poort van de Vuurstad
Ik kon niet verstaan het voorstel dat hij de
maar lang duurde het niet
eer zij om het hardst terugsnelden.
Hel 8: 112-114

De Wraakgodinnen
Die links staat, dat is Megaera,
de rechtse, wenend, is Alecto.
Tussen de beiden Tisiphone.
Hel 9: 46-48

De Engel
Hij naderde de poort en opende deze
zonder moeite met zijn staf.

Hel 9: 89, 90

Brandende Graven - de Ongelovigen
'Meester, wie zijn al dezen,
hier begraven,
die zo smartelijk zuchten?'
Hel 9: 124-126

Farinata
Zodra ik bij deze tombe stond
keek hij me wat laatdunkend aan en vroeg:
'Wie waren uwe vaderen?'
Hel 10: 40-42

De Tombe van Paus Anastasius
We trokken ons terug achter de dekplaat
van een grote tombe, waarop geschreven stond:
'Ik bedek Anastasius I.'
Hel 11: 6-8

De Minotaurus
En op de rand der rotsen
lag Kreta's schande uitgestrekt,
die werd geboren uit een onechte koe.
Hel 12: 11-13

De Centauren - Nessus
Roerloos keken zij hoe wij afdaalden.
Drie hunner maakten zich los uit de groep,
met bogen en pijlen die zij te voren kozen.
Hel 12 : 58-60

Chiron
Chiron nam een pijl en streek
met de veren zijn baard glad.

Hel 12: 77, 78

Het Woud der Harpijen
Hoofd en hals menselijk, breed de vleugelwade,
geklauwde poten en een buik vol veren,
slaat men ze klagend op het vreemd gewas daar gade.
Hel 13: 13-15

De Zelfmoordenaars
Toen strekte ik mijn hand uit
en brak een takje van een grote doornenstruik,
waarop de stam krijste: 'Waarom wilt ge mij breken?'
Hel 13: 31-33

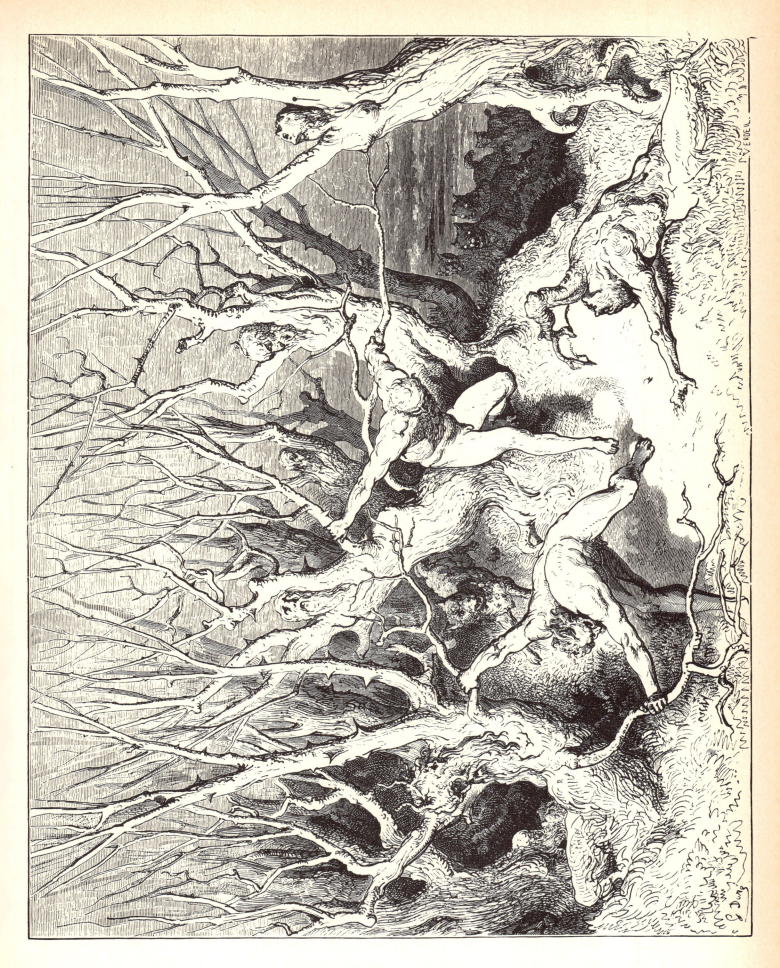

De Zelfmoordenaars
En ziet, van links naderen twee zielen,
naakt en geschramd, zo snel is hun voortgaan
dat alle takken krakend om hen vielen.
Hel 13 : 115-117

De Godslasteraars - Capaneus
Op heel de zandwoestijn daalde gestadig
een vlokkenregen neer van vuur...

Hel 14 : 28, 29

Brunetto Latini
'Zijt gij hier, heer Brunetto?'

Hel 15: 30

Geryon - Symbool van Valsheid
En dat onreine toonbeeld van bedrog
steeg op en viel met hoofd en borst op d'oever.

Hel 17 : 7, 8

De Afdaling op het Monster
Voort gaat hij, langzaam zwevend,
in kringen, steeds lager,
'tgeen ik voelde door de wind in mijn gelaat.
Hel 17: 115-117

Duivels en Verleiders
Ach, hoe dwongen ze hen hun benen te verzetten
reeds bij de eerste, striemend toegebrachte slagen.

Hel 18 : 37, 38

Verleiders en Vleiers
Ik zag mensen, die zich wentelden in drek,
dat uit latrines scheen te spoelen.

Hel 18: 113, 114

Thaïs
Het is Thaïs, de hoer, die antwoord geeft
aan haar minnaar, als die zegt:
'Krijg ik dankbaarheid van u?' - 'Zelfs wonderbaarlijk veel.'
Hel 18: 113-135

De Simonieten
'O wie zijt gij, hier ingedreven - het hoofd naar voor'.
Als ge kunt spreken, doe het dan!'

Hel 19: 47, 48

Duivels en Ruziemakers
Zij grepen hem met meer dan honderd gaffels...

Hel 21: 52

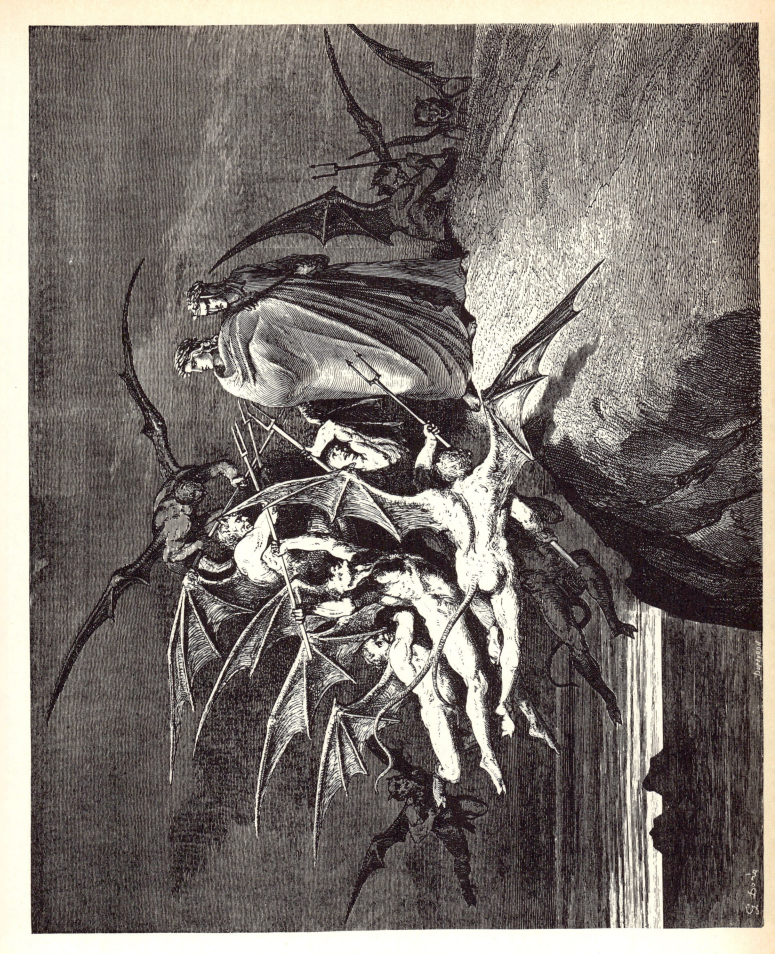

Duivels en Vergilius
Doch Vergilius riep: 'Laat geen van u mij hier bedreigen!'

Hel 21: 72

De Twistzoekers - Giampolo
Hij vloog op en riep: 'Ik zal je achterhalen!'

Hel 23 : 126

Alichino En Calcabrina
Hij begon hem te bevechten als een sperwer,
klauwend met scherpe klauwen, tot beiden vielen
in het midden van de kokende poel.
Hel 22: 139-141

Tumult en Ontsnapping
Voor zijn voet de bodem van 't ravijn bereikte
raakte hij de richel
recht boven ons...
Hel 23: 52-54

De Huichelaars
Zij droegen monnikspijen met loden kappen,
die voor hun ogen hingen...

Hel 23: 61, 62

De Huichelaars - Farizeeërs
De gekruisigde die ge hier ziet
heeft de farizeeërs er toe gebracht
één man te doden ter wille van het volk.
Hel 23: 115-117

Kerkrovers
Door de wrede en angstaanjagende massa der slangen
lopen naakt en angstig de boetelingen.

Hel 24 : 91, 92

Verandering in Slangen
'Wee u, Agnello, hoe verandert gij!
Ziet, gij zijt noch een, noch twee!'

Hel 25: 68, 69

Slechte Raadgevers
In die vuren moeten geesten huizen,
elk omhuld met wat hen doet verteren.

Hel 26 : 47, 48

Scheurmakers - Mahomed
Hij keek mij aan en opende zijn borst - met zijn handen!
Hij zei: 'Zie hoe ik mezelf verscheur!'

Hel 28 : 29, 30

Het Zaad van de Tweedracht
'Probeer u Pier da Medicina te herinneren.'

Hel 28 : 73

Bertram de Born
Hij hield het afgehouwen hoofd bij de haren,
als ware het een lantaren.
Het keek ons aan en zei: 'Wee mij!'
Hel 28 : 121-123

Geri del Bello
Maar Vergilius zei: 'Waarom hun aandacht schenken?
Waarom kijkt ge neer op deze sombere,
verminkte schimmen?'
Hel 29: 4-6

Vervalsers
Uit de kuil steeg een stank op
als van etterende wonden...

Hel 29: 50, 51

Vervalsers
Elkeen krabde zijn wonden,
want geen ander middel was voorhanden
en vreselijk was de jeuk.
Hel 29: 79-81

Vervalsers
'Die waanzinnige is Gianni Schicchi,
die razend d'andren poogt te bijten.'

Hel 30: 32, 33

Myrrha
'Dit is de oude schim
van de goddeloze Myrrha,
die eenmaal de minnares van haar vader was.
Hel 30 : 37-39

De Giganten - Nimrod
'O dwaze ziel,
houdt u bij uw hoorn, zo ge lucht verlangt
wanneer toorn of een andere hartstocht bezit van u neemt.'
Hel 31: 70-72

Ephialtes
'Deze trotsaard wilde zijn kracht
meten met die van de machtige Jupiter...'

Hel 31: 91, 92

Antaeus - Afdaling naar de laatste Kring
Maar zacht daalden wij neer in de afgrond,
die Judas met Lucifer verzwelgt...

Hel 31: 142, 143

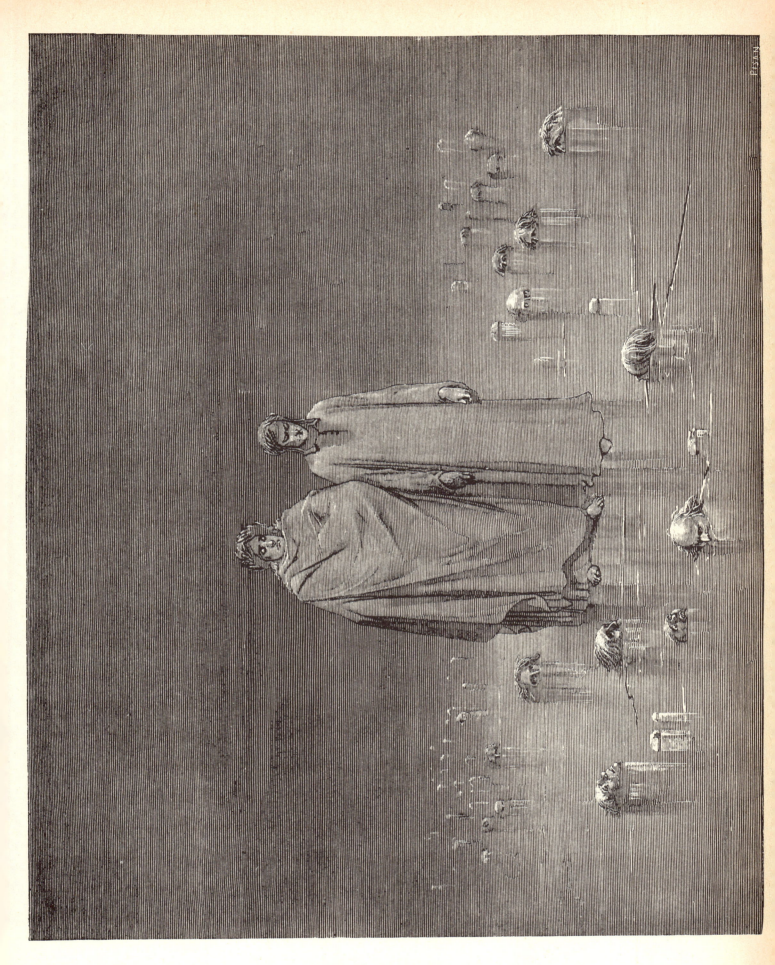

Cocytus - Verraders
'Ge zult bij 't gaan u moeten hoeden!
Let op dat gij uw voet niet plaatst
op de hoofden van deze vermoeide, rampzalige broeders.'
Hel 32: 19-21

Verraders - Bocca Degli Abati
Toen greep ik hem van acht'ren bij de haren
en zei: 'Zeg me wie ge zijt
of ik ruk u alle haren uit!'
Hel 32: 97-99

Ugolino en Aartsbisschop Ruggieri
De bovenste zette zijn tanden in de ander,
daar waar zich de nekwervels bevinden.

Hel 32 : 128, 129

Ugolino
Toen zweeg ik stil, ten einde hem niet nog meer te bedroeven.

Hel 33 : 64

Ugolino en Gaddo
Gaddo wierp zich aan mijn voeten, zeggend:
'Vader, waarom helpt ge mij niet?'

Hel 33: 67, 68

Ugolino
Toen deed de honger 'tgeen verdriet niet vermag.

Hel 33 : 75

Verraders van Weldoeners - Lucifer
Zie Dis, en zie de oorden,
waar slechts de moed tot wapen u kan zijn.

Hel 34 : 20, 21

De Weg opwaarts
De meester en ik betraden nu de verborgen weg,
waarlangs wij zouden terugkeren naar het licht.

Hel 34 : 133, 134

De Dichters keren terug uit de Hel
'Vandaar kwamen wij om de sterren weer te zien.'

Hel 34 : 139

Venus
De schone planeet, die tot liefde prikkelt,
deed heel het oosten stralen
en omsluierde de vissen, die haar begeleidden.
Lout.berg 1: 19-21

Cato van Utica
Ik zag een eenzame oude man naast mij,
met een blik welke de eerbied afdwong
die geen zoon zijn vader schuldig is.
Lout.berg 1: 31-33

Het Schip
Maar toen hij de schipper herkende riep hij:
'Maak haast, snel, kniel neder
en aanschouw de engel Gods.'
Lout.berg 2: 27-29

De hemelse Geleider
Schoonheid scheen op zijn gelaat geschreven

Lout.berg 2 : 44

De voet van de Berg
Aan mijn linkerhand verscheen een schare
van zielen, die in onze richting kwamen
schijnbaar zonder zich te bewegen.
Lout.berg 3: 58-60

Het opklimmen
We klommen omhoog langs de brokkelige stenen,
ingesloten tussen steile rotswanden.

Lout.berg 4 : 31, 32

Te laat Berouw
Er waren hier mensen,
die in de schaduw achter de rots schuilden.
Alsof zij te traag waren om te staan zelfs.
Lout.berg 4: 103-105

Te laat Berouw
Intussen kwamen van de bergen
schimmen in onze richting,
die het lied der boetelingen zongen.
Lout.berg 5: 22-24

Buonconte da Montefeltro
Gods engel nam mij op en die der helle riep:
'O, gij hemeling, waarom besteelt ge mij?'

Lout.berg 5: 104-105

Pia
'Herinnert u zich mij? Ik was Pia;
in Siena geboren, moest ik in Maremma sterven.'

Lout.berg: 133, 134

Sordello en Vergilius
Hij kwam en boog diep neder,
omarmde mij
met de nederigheid der geringen.
Lout.berg 7: 13-15

De Vallei
Op het groen en tussen de bloemen
ontwaarde ik zingende zielen.
'Salve Regina,' zongen zij.
Lout.berg 7 : 82-84

De Slang
De slang vluchtte
op het geluid van klappende vleugels.
Toen keerden de engelen.
Lout.berg 8: 106-108

Schemering
De concubine van de oude Tithon
glansde bleek in het oosten.

Lout.berg 9: 1, 2

De Adelaar
Verschrikkelijk als de bliksem stortte hij omlaag
en sleepte mij mee naar de vuurgloed.

Lout.berg 9: 29, 30

Het Voorportaal van het Vagevuur
Ik zag hem op zijn verheven zetel
met iets in zijn gelaat wat ik niet verdragen kon.
Zijn hand omvatte een blank zwaard.
Lout.berg 9: 80-82

De Beelden
De arme vrouw in het midden
scheen te zeggen: 'Geef mij wraak, o Heer,
voor mijn dode zoon.'
Lout.berg 10: 82-84

De Hooghartigen - Oderisi
Naast hem, als ossen in een juk,
ging ik voort met die zwaarbeladen ziel.

Lout.berg 12: 1, 2

Arachne
'O, dwaze Arachne, dat ik u zo
moet aanschouwen:
als een halve spin!'
Lout.berg 12: 43-45

De Afgunstigen
Zij leken mij bedekt met lompen,
de een de ander steunend bij de schouder
en allen gesteund door de rotswand.
Lout.berg 13: 58-60

Sapia
'Ik kwam uit Siena,' luidde het antwoord,
'en met de anderen boet ik hier een schuldig leven.

Lout.berg 13: 106, 107

De Steniging van Stefanus
Toen zag ik mensen die, vervuld van haat,
een jongeman doodden en elkander aanmoedigden,
roepend: 'Doodt hem! Doodt hem!'
Lout.berg 15: 106-108

Marco Lombardo
'Maar wie, door deze walm gekomen,
zijt gij, die met ons spreekt
alsof gij de tijd nog in dagen afmeet?'
Lout.berg 16: 25-27

Marco Lombardo
'Ik zal u volgen zover als ik mag,'
antwoordde hij. 'En als de rook 't onmogelijk maakt te zien,
dan zal ik u ten minste kunnen horen.'
Lout.berg 16 : 34-36

De Vadsigen
Maar mijn slaperigheid week plotseling
toen ik mensen ontwaarde,
die achter ons genaderd waren.
Lout.berg 18: 88-90

Opwaarts naar de vijfde Kring
'Waarom toch dwaalt uw blik steeds naar d'aarde?'
aldus begon mijn geleider te vragen,
kort nadat de engel was opgestegen.
Lout.berg 19: 52-54

De Hebzuchtigen - Adrianus V
'Waarom,' vroeg hij, 'buigt ge u terneder?'
En ik antwoordde: 'Voor uw waardigheid,
daar, rechtop, mijn geweten mij bezwaarde.'
Lout.berg 19: 130-132

De Gierigen
Voort gingen wij, langzaam en omzichtig,
luisterend naar de schimmen, die ik
hen vol medelijden hoorde bewenen en beklage
Lout.berg 20: 16-18

De Gulzigaards - Forese
'Ach, zie niet naar mijn melaatsheid,'
smeekte hij, 'die mijn huid verkleurt
en 't vlees doet wegteren.'
Lout.berg 23: 49-51

De Gulzigaards
Schimmen, die tweemaal gestorven leken
las ik verbazing in de ogen:
omdat ik nog levend was gebleken.
Lout.berg 24 : 4-6

De Boom
Ik zag mensen er onder hun handen heffen
en hun stemmen riepen wat ik niet verstond.

Lout.berg 24 : 106, 107

De zevende Kring
Hier ziet men van de richel een vlam oplaaien
maar een wind stijgt op,
die haar neerslaat en bedwingt.
Lout.berg 25: 112-114

De zevende Kring
'Summae Deus chementiae,' vernam ik
uit het hart van het vuur,
zodat ik 't liefst gevlucht was.
Lout.berg 25: 121-123

De zevende Kring - de Wellustigen
Ik zag schimmen door de vlammen lopen,
zodat ik mijn schreden met de hunne vergeleek.

Lout.berg 25: 124-125

Lea
Jong en mooi als een droom
zag ik een vrouw wandelen in een tuin.
Zij plukte bloemen.
Lout.berg 27: 97-100

Aards Paradijs
Reeds hadden mijn trage schreden mij
zover in 't woud gedragen dat ik
niet langer zien kon waar ik het betrad.
Lout.berg 28 : 22-24

Apocalyptische Processie
De vierentwintig oudsten kwamen,
twee aan twee, gekroond met kransen van leliën

Lout.berg 29: 83, 84

Geloof, Hoop en Liefde
Een zo rood dat zij de kleur had van vuur.
De tweede leek gevormd uit emerald.
De derde was als versgevallen sneeuw.
Lout.berg 29: 124-126

Beatrice
Een vrouw in een groene mantel verscheen,
gekleed in de kleur van het levende vuur.

Lout.berg 30: 32, 33

Onderdompeling in de Lethe
De schone vrouw omvatte mijn hoofd
met haar beide handen en drukte mij omlaag,
zodat ik het water naar binnen kreeg.
Lout.berg 31: 100-102

De Hoer en de Reus
Hoog opgericht naast haar ontwaardde ik een reus
en telkens, telkens weer kusten zij elkaar.

Lout.berg 32 : 152, 153

De Eunoë
Had ik meer ruimte om te schrijven,
dan zou ik niet nalaten de koele dronk te bezingen,
waarvan ik nimmer verzadigd zou geraken.
Lout.berg 33 : 136-138

De Maan
Ik zag er velen, vaardig om te spreken.

Paradijs 3 : 16

Mercurius
Zo aanschouwde ik er meer dan duizend,
die op ons toekwamen.

Paradijs 5: 103, 104

Venus - Karel Martel
'Die oever links, waarlangs de Rhône stroomt,
om daarna met de Sorgue zich te verenigen.
'k Verwachtte eens daar te verschijnen.'
Paradijs 8: 58-60

De Zon - verheerlijkte Zielen
Als bloemenkransen omgaven
ons de reien van geesten,
die hun vreugde bezongen.
Paradijs 12: 19-21

Mars
Ik merkte dat ik mij hoger richtte
bij de glanslach van de ster,
die roder dan gewoonlijk scheen.
Paradijs 14: 85-87

Het Kruis
Hier heeft mijn geheugen het
van mijn verstand gewonnen.
Want aan dat kruis ontwaarde ik Christus.
Paradijs 14: 103-105

Cacciaguida
'Ge zijt mijn voorvader.
Ge geeft mij de moed tot spreken.
Ge verheft me hoger dan ik ben.'
Paradijs 16: 16-18

Jupiter
De geheiligde schepselen
vlogen zingend af en aan.

Paradijs 18: 76, 77

Jupiter
'O hemelse soldaten, die ik aanschouw,
bidt voor hen die op aarde zijn
en het slechte voorbeeld volgen.'
Paradijs 18: 124-126

De Adelaar
Boven mij werd met gespreide wieken
een schitterend beeld gevormd
uit jubelende zielen.
Paradijs 19: 1-3

De Adelaar
Daar al die hele lichten
gezangen aanhieven,
die mijn herinnering kon vasthouden.
Paradijs 20: 10-12

Beatrice
**Steeds weer richtte ik
op haar mijn blik.**

Paradijs 21: 1, 2

Saturnus
Ik aanschouwd' een trap die naar de hemel leidde,
zo lang dat mijn blik haar niet ten einde kon volgen.

Paradijs 21: 29, 30

De Sfeer van de vaste Sterren
Begin dan en zeg wat uw ziel verlangt.
Ten allen tijde zult gij drinken
uit de bron waaruit zijn gedachten vloeien.
Paradijs 26: 7-9

De Sfeer van de vaste Sterren
'Glorie zij de vader, de Zoon
en de Heilige Geest,' zo klonken de stemmen in het Paradijs:
een zang, die mij dronken maakte.
Paradijs 27: 1-3

De kristallijne Sfeer
Mijn Vrouwe zelve verklaarde haar antwoord
en ik kon de Waarheid
als een ster in de ruimte aanschouwen.
Paradijs 28 : 85-87

De Empyreum
In de vorm ener sneeuwwitte roos
vertoonde zich het leger der heiligen aan mij,
dat voor eeuwig met Christus verbonden was.
Paradijs 31: 1-3

De Koningin van de Hemel
Maar zie hoe ook de verste rijen
gevuld zijn met hen, die zichzelve gewijd hebben
aan de Koningin des hemels.
Paradijs 31: 115-117